HET GROEIMODEL VAN GREINER VOOR

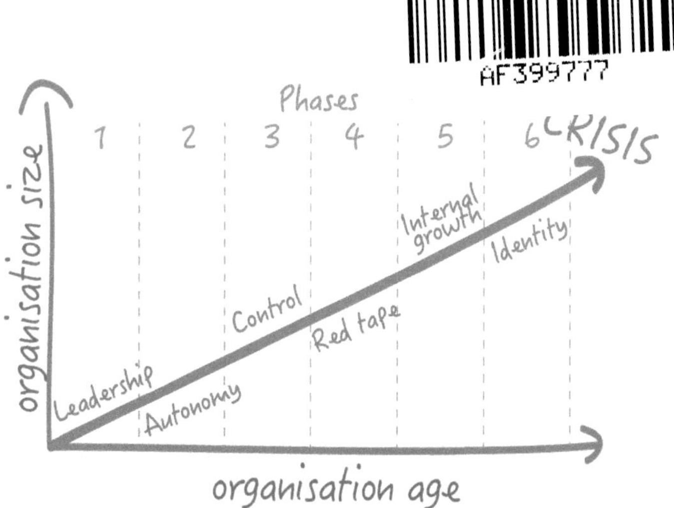

50MINUTES.com

HET GROEIMODEL VAN GREINER VOOR

HET GROEIMODEL VAN GREINER VOOR ORGANISATIEVERANDERING

BELANGRIJKE INFORMATIE

- **Namen:** Greiner Growth model, Groeimodel van Greiner, Greiner-model, Greiner's model voor organisatiegroei

- **Toepassingen:** Crises in een bedrijf beheersen, strategie bepalen en organisatorische groei modelleren

- **Waarom is het succesvol?**

  - Het model is theoretisch voorspellend. Afhankelijk van de activiteitensector van de onderneming en de veranderingen in de omgevingsfactoren, stelt het de gebruiker in staat de volgende crisis (structurele of functionele verandering) waarmee de organisatie te maken krijgt, te lokaliseren en te voorzien.

  - Aan de hand van het model kunnen gebruikers bepaalde indicatoren uit het verleden van de organisatie identificeren die cruciaal zijn voor het toekomstige succes.

  - Het maakt het makkelijker om te begrijpen hoe snelgroeiende bedrijven (start-ups) werken.

- **Trefwoorden:**
  - <u>Organisatieverandering</u>: het transformatieproces van de structuur in een bepaalde context
  - <u>Organisatorische levenscyclus</u>: alle fasen, van oprichting tot eventuele beëindiging, die een bedrijf doorloopt

INLEIDING

> *"De geschiedenis van elk deel van de aarde, zoals het leven van een soldaat, bestaat uit lange periodes van verveling en korte periodes van terreur. "*

Dit citaat van de Britse geoloog Derek V. Ager, geciteerd door Stephen Jay Gould (Amerikaans paleontoloog, 1941 – 2002) in zijn boek "The Panda's Thumb" (1982), zou bij uitbreiding kunnen worden toegepast op mensen en bedrijven. Net als mensen zijn ondernemingen immers complexe organisaties die tijdens hun bestaan diverse veranderingen ondergaan. Deze veranderingen gaan gepaard met min of meer belangrijke crisisperioden die het voortbestaan van de organisatie zelf kunnen bedreigen.

In de huidige economische realiteit van globalisering moeten alle ondernemingen de uitdaging van het concurrentievermogen aangaan. De ondernemingen die erin slagen deze uitdaging aan te gaan, zijn de ondernemingen die de tijden van verandering en de volgende ontwikkelingsfasen van de onderneming het best beheren en erop anticiperen.

Het model van Larry E. Greiner (Amerikaans academicus, geboren in 1933) stelt een bedrijf in staat om, afhankelijk van de sector waarin het actief is en van omgevingsfactoren, te visualiseren in welke fase het zich bevindt en te anticiperen op de volgende crisis die het zal moeten doormaken, om deze om te zetten in een kans voor een nieuwe groeifase.

GESCHIEDENIS

Sinds de naoorlogse periode zijn theorieën over organisatorische veranderingen ontwikkeld die worden vergeleken en in verband gebracht met de drie grote economische perioden die zich sinds 1945 hebben voorgedaan (Desreumaux, 1996).

* De eerste periode begon na de oorlog en eindigde in het begin van de jaren zeventig. Zij komt overeen met een fase van sterke wereldwijde economische groei, die resulteerde in een systeem in evenwicht.

* De tweede periode begon met het begin van de oliecrises van de jaren zeventig en duurde tot de economische crisis van het begin van de jaren tachtig. In deze fase, die werd gekenmerkt door een hoge bedrijfssterfte en ingrijpende organisatorische veranderingen, verscheen in 1972 het Greiner-model.

* De derde en laatste identificeerbare periode loopt van het begin van de jaren negentig tot heden. De

economische context van deze fase van voortdurende veranderingen wordt gekenmerkt door turbulentie en onvoorspelbaarheid.

DEFINITIE VAN HET MODEL

Volgens Larry E. Greiner doorloopt een onderneming tijdens haar bestaan vijf welomschreven groeifasen, afgewisseld met vijf belangrijke momenten die bekend staan als crises. De overgang van de ene fase naar de andere wordt bereikt door structurele aanpassingen die de evoluerende aard van het organisatiesysteem markeren.

De veranderingsfasen hangen af van de interne (leeftijd, omvang, groei- en revolutiefasen, …) en externe (concurrentie, geografische ligging, groeipercentage van de bedrijfstak, …) factoren van de organisatie. De vijf groeifasen zijn:

- creativiteit

- richting

- delegatie

- coördinatie

- samenwerking

Deze fasen worden mogelijk afgewisseld met vijf crises: leiderschap, autonomie, controle, bureaucratie en groei.

THEORIE

LEVENSCYCLI

Zoals een organisatie in de loop van haar geschiedenis fasen van meer of minder ingrijpende veranderingen doormaakt die haar voortbestaan in gevaar kunnen brengen, zo ontwikkelt de mens zich geleidelijk in de tijd, terwijl hij perioden van crisis doormaakt die zijn ondergang kunnen betekenen.

Biologische levenscyclus

De biologische levenscyclus komt overeen met de periode waarin het hele leven van een organisme zich afspeelt, te beginnen bij de conceptie. In het algemeen begint de biologische levenscyclus met de geboorte, gevolgd door een periode van groei die leidt tot volwassenheid, voor een uiteindelijke periode van verval en tenslotte de dood. Afhankelijk van de bestudeerde levenscyclus is de terminologie verschillend, hoewel het proces vergelijkbaar blijft.

Wij kunnen dat illustreren aan de hand van het voorbeeld van de menselijke biologische levenscyclus:

- De conceptie wordt gevolgd door de geboorte en de kindertijd. Dit is de aanloopperiode.

- Dan volgt de adolescentie, die wordt gekenmerkt door een veelvoud van verschillende ervaringen binnen en buiten de familiekring en die overeenkomt met de fase die groei wordt genoemd. In deze periode bouwt de mens zijn persoonlijkheid zo goed mogelijk op met vallen en opstaan: hij groeit en verwerft elke dag nieuwe kennis en vaardigheden. Tijdens deze groei-fase ontdekken mensen ook hun talenten en zwakheden, waardoor ze een beroep kiezen, maar ook gevoelens en emoties, zoals liefde. Dat alles betekent een positieve verandering in hun leven.

- Ten slotte doen zich onvermijdelijk gebeurtenissen voor die de groei afremmen, zoals pensioen en ouderdom, die de overgang naar de vervalfase markeren. Dit verval leidt tot de dood, die onvermijdelijk is voor alle levende organismen.

Bedrijven: een reeks levenscycli

Op het eerste gezicht kan men denken dat een onderneming slechts één levenscyclus heeft. Dit is echter helemaal niet het geval. De onderneming bevindt zich vaak op een kruispunt, omdat zij veel verschillende levenscycli doormaakt, waaronder materiële levenscycli (productlevenscyclus, technologische levenscyclus of marketinglevenscyclus), menselijke en sociale levenscycli (personeelslevenscyclus en organisatielevenscyclus) en de levenscyclus van de onderneming die zij zelfstandig beheert.

- Het concept van de **levenscyclus van een product wordt** regelmatig gebruikt door marketingprofessionals, aangezien elk product zijn eigen levenscyclus volgt. Deze cyclus kent meestal vier fasen: lancering, groei, volwassenheid en verval. Sommige analisten voegen echter een vijfde fase toe, omdat het bedrijf vóór de lancering van een product - zoals bij de embryonale ontwikkeling bij mensen - marktonderzoek doet, prototypes produceert, ... Deze extra fase is de ontwikkelingsfase en is bedoeld om de kans op mislukking tijdens de lancering van het product te verkleinen.

- **De commerciële levenscyclus** is vergelijkbaar met de productlevenscyclus, met als enige verschil dat de vierde fase overeenkomt met een mogelijke herlancering.

- **De levenscyclus van technologie:** net als producten heeft technologie een eigen levenscyclus die vier fasen omvat: vroege technologie, opkomende technologie, sleuteltechnologie en kerntechnologie.

- **Levenscyclus van het personeel:** Wat het personeel betreft, is er ook een levenscyclus die gebaseerd is op de loopbaan van de individuele werknemers. Deze cyclus begint met aanwerving, die wordt gevolgd door groei (inclusief opleiding, bevordering, ...), rijpheid (op dit punt is de werknemer ouder, zodat op middellange termijn naar vervanging moet worden gezocht) en eindigt met achteruitgang (ontslag, pensioen, ...).

- **De organisatorische of bedrijfslevenscyclus** stelt Greiner voor als een groeiproces in vijf fasen.

ORGANISATORISCHE VERANDERING

Ter herinnering: organisatieverandering wordt gedefinieerd onder verwijzing naar een bepaalde context of situatie. Ze kan ook worden gedefinieerd als tegenstelling van continuïteit.

Groeimodellen

Theorieën over het tempo van organisatorische veranderingen zijn sinds het einde van de jaren vijftig sterk geëvolueerd. Om de analyse van de verschillende structurele typologieën te vergemakkelijken, kunnen we kijken naar de conclusies van Alain Desreumaux (Franse academicus, geboren in 1944) in zijn boek "Nouvelles formes d'organisation et évolution de l'entreprise" uit 1996.

De auteur gebruikt de dimensies "mate van controle van de spelers" (met een onderscheid tussen "determinisme" en "vrijwilligheid") en "lokalisatie van factoren" (met een onderscheid tussen "endogene" en "exogene" factoren van verandering; sommige theoretici zijn van mening dat de omgeving niet alleen de motor van verandering is, maar ook het element van selectie in organisaties).

De matrix van Desreumaux geeft een overzicht van de belangrijkste theorieën met betrekking tot het tempo van organisatorische verandering.

- **Determinisme:** de belangrijkste kenmerken van de bewegingen die verband houden met determinisme zijn het vermogen tot inertie van de organisatie en de krachtige rol van de omgeving bij het veranderen van haar structuren. De omgeving werkt namelijk als een selectie-instrument voor organisaties die hun flexibiliteit, en dus hun vermogen om zich aan veranderingen aan te passen, niet hebben ontwikkeld. In deze denkrichting wordt de verandering verdragen – zowel door werknemers die bijvoorbeeld van de ene op de andere dag ontslagen kunnen worden, als door bedrijven die het financiële evenwicht niet kunnen garanderen. De historische en culturele dimensies, de natuurlijke menselijke weerstand tegen verandering, de angst voor het onbekende, ... worden beschouwd als belangrijke obstakels voor de reorganisatie van het bedrijf. Deze neodarwinistische visie probeert de grenzen van het aanpassingsvermogen van organisaties aan te tonen. Volgens een radicale opvatting, belichaamd door de Amerikaanse sociologen Michael T. Hannan en John H. Freeman (1977), hebben leiders geen controle over de omgeving, terwijl de minder deterministische opvatting, gesteund door Jeffrey Pfeffer (specialist in organisatiegedrag, geboren in 1946) en Gerald R. Salancik (organisatietheoreticus, 1943 – 1996) in 1978, een symbolische rol toekent aan leiders in tijden van verandering.

- **Vrijwilligerswerk:** de vrijwilligersbeweging wordt gekenmerkt door het vermogen van de deelnemers om een veranderingsdynamiek binnen de organisatie tot stand te brengen. De motor van de verandering komt hier van de proactieve rol van leidinggevenden die het vermogen – en de wil – hebben om de organisatie te veranderen. Het lot ligt in de handen van de leidinggevende en degenen die de macht hebben. De belangrijkste vertegenwoordiger van deze denkschool is John Child (management- en organisatietheoreticus, 1972). Organisatieverandering wordt gezien als een door de leidinggevenden gecontroleerd instrument, waarop strategisch proactief wordt geanticipeerd en dat geleidelijk en voortdurend wordt uitgevoerd. De strategische en organisatorische macht is gebaseerd op de veranderingsbereidheid van de leidinggevenden en hun vermogen om als legitiem te worden erkend: dit soort leidinggevende wordt nu omschreven als een "inspirerend leider". Tot de trend van de strategische keuzetheorie behoren de theorieën over strategische planning van Gerry Johnson (hoogleraar strategisch management, 1987) en Alain-Charles Martinet (Frans hoogleraar managementwetenschappen en bedrijfsbeheer). Volgens deze twee auteurs kan het tempo van de verandering een revolutionaire wending nemen omdat de leider in staat is binnen de organisatie termijnen voor verandering op te leggen. Verandering, en bijgevolg de transformatie van sociale structuren, is het resultaat van een voortdurende interactie tussen verschillende individuen (collectieve intelligentie die het mogelijk maakt nieuwe oplossingen te overwegen). Ze kan worden opgevat als "een herhaling van de formulering van doelstellingen, ontwikkeling, wijziging en interactie tussen actoren"[1] (Giordano, 1995). Er is echter geen

1. Dit citaat is vertaald door 50Minutes.com.

vaste volgorde en het is moeilijk om perioden van crisis in de structuur van de organisatie te voorspellen of vast te stellen.

Ontwikkeling van de organisatie

In het algemeen wordt ervan uitgegaan dat de ontwikkeling van de organisatie in vier fasen verloopt: de stabiele en continue fase, de groeifase zonder diepgaande verandering, de fase van ongecontroleerde verandering en de fase van diepgaande transformatie van de organisatie.

- **Stabiliteit en continuïteit**

- **Verschijning van incrementele veranderingen:** in deze periode stellen continue veranderingen de organisatie in staat zich te ontwikkelen zonder haar gehele structuur te ontwrichten. De belangrijkste determinanten van de organisatie bestaan voornamelijk uit de geschiedenis van het bedrijf, de cultuur en de bestaande organisatiestructuur. Organisatieverandering wordt voornamelijk geïnitieerd door endogene factoren. De groeifasen werden in 1992 door de Canadese academici Henry Mintzberg en Frances Westley beschreven als fasen van revitalisering. In het door Desreumaux ontwikkelde voorbeeld komt dit overeen met de periode van economische groei tussen 1945 en 1973.

- **Chaos**

- **Structurele revolutie:** de revolutionaire processen van organisatieverandering komen vaak overeen met fasen van grote druk van de externe omgeving die organisaties ertoe aanzet zich in een snel tempo te ontwikkelen met het risico te verdwijnen. De organisatie wordt dan tot aan de grenzen van haar vermogen geduwd om veranderingen te aanvaarden. Voor Desreumaux ontstonden deze fasen met de economische omwentelingen die gedeeltelijk verband hielden met de oliecrisissen in het midden van de jaren zeventig. Zij komen overeen met fasen waarin bedrijfsmodellen, de grondslagen van het organisatiebeheer en de kernstructuur van de organisatie ter discussie worden gesteld. Die laatste wordt gekenmerkt door een sterke weerstand tegen verandering van individuen en groepen individuen.

Om deze revolutionaire fase, die door Mintzberg en Westley (1992) een "turnaround-periode" wordt genoemd, achter zich te laten, moeten organisaties zich in de eerste plaats richten op het beheer van twee belangrijke elementen, namelijk de crisis en de noodsituatie. Op dat punt moeten ze het verleden vernietigen om de toekomst op te bouwen.

 WEERSTAND TEGEN VERANDERING

In tijden van crisis kan verandering door individuen worden ervaren als een dramatische gebeurtenis. Als de communicatie niet duidelijk is, kunnen ze zich bedreigd voelen, bang zijn voor onzekerheid en zich spontaan verzetten (bijvoorbeeld door middel van stakingen). Weerstand tegen verandering is een natuurlijke reactie van individuen die zichzelf willen beschermen en zich op die manier verdedigen tegen elke betwisting van het evenwicht en van de stabiliteit van de organisatie die hun eigen functie en/of legitimiteit in gevaar kan brengen. Vele theoretici, waaronder Jeffrey Pfeffer en Gerald R. Salancik, verklaren de mechanismen van weerstand tegen verandering (psychologische en sociale blokkeringsmechanismen als reactie op onzekerheid, ...)

Connie Gersick (specialist in organisatiegedrag, 1991) benadrukt dat het belangrijk is rekening te houden met de geschiedenis van de onderneming om de grenzen van haar vermogen tot verandering te analyseren. Voorts wordt volgens Nils G.M. Brunsson (Zweeds econoom, 1982) het proces van revolutionaire verandering gekenmerkt door een verandering in de visie van de organisatie, die onzekerheid en demotivatie creëert en verhindert dat het veranderingsproces incrementeel is.

INCREMENTELE BENADERINGEN VAN DE LEVENSCYCLUS

Zoals we hebben gezien, is deze Darwinistische benadering geïnspireerd op de biologie: de organisatie wordt gezien als een levend organisme en groei wordt gezien als een natuurlijk verschijnsel. Vanuit dit perspectief behelst organisatorische verandering een reeks cumulatieve incrementele veranderingen. De organisatie kan de verandering accepteren zolang deze beperkt is, terwijl significante veranderingen het resultaat zijn van een ongemerkte opeenstapeling van kleine wijzigingen. Deze theorie definieert de traditionele visie op verandering als een geleidelijk en incrementeel proces, gestructureerd rond logische reeksen die fasen worden genoemd. De belangrijkste voorstander van deze theorie, James B. Quinn (1980), gelooft dat verandering de som is van vele kleine gebeurtenissen die elkaar allemaal beïnvloeden.

De levenscyclustheorie is betrekkelijk oud en wordt zeer veel gebruikt in de managementliteratuur. In sommige gevallen wordt ze vaker toegepast op organisatorische dan op strategische veranderingen.

Mintzberg en Westley merkten in 1983 op dat de levenscyclus van een organisatie gestructureerd is rond vijf fasen. De eerste fase is de ontwikkelingsfase, belichaamd door een visionaire leider die doelstellingen vaststelt. De tweede fase is de fase van stabiliteit, gekenmerkt door de planning van de organisatiestructuur, de invoering van procedures en de structurering van de organisatie. Daarna volgt de fase van aanpassing, die gekenmerkt wordt door kleine veranderingen in de organisatiestructuur en - strategie, in tegenstelling tot de fase van strijd. Die laatste dwingt de organisatie een nieuwe strategische richting te vinden. Wanorde, uitdagingen, machtsspelletjes en een bevraging van de huidige structuur worden dan waargenomen in de organisatie. Het stadium van revolutie omvat veranderingen die de strategie, de cultuur, de structuren en de individuen in het bedrijf beïnvloeden. Mintzberg is geïnteresseerd in incrementele verandering en erkent het bestaan van periodes van abrupte, korte en intense veranderingen binnen de organisatie.

LARRY E. GREINER'S GROEIMODEL

Om de geschiedenis van de bedrijfsontwikkeling te beschrijven, stelt Larry E. Greiner (1972) voor om indicatoren uit het verleden van de organisatie te identificeren die cruciaal kunnen zijn voor haar toekomstige succes.

Greiner is van mening dat het belangrijk is de geschiedenis van de onderneming te kennen om de belangrijkste succesfactoren en de economische prestaties in de loop der tijd vast te stellen. Hij stelt dat externe marktkansen de strategie van een onderneming bepalen, die op haar beurt de structuur van de organisatie bepaalt. Deze structuur staat centraal in de toekomstige groei van de onderneming.

Volgens hem doorloopt elke organisatie tijdens haar bestaan vijf welomschreven fasen. Elke fase wordt gekenmerkt door een geleidelijke verandering, gevolgd door een overgangscrisis of een korte periode van revolutie. Het is de oplossing van deze crisis die het bedrijf in staat stelt naar de volgende fase over te gaan.

Creativiteitsfase

Deze eerste fase komt overeen met de lancering van de onderneming in een groeiende markt door oprichters die vaak technici of ondernemers zijn, niet noodzakelijk leiders of zelfs managers.

De communicatie binnen de organisatie is frequent en informeel, de oprichters en de eerste medewerkers tellen hun uren niet en zijn over het algemeen tevreden met een bescheiden salaris. De primaire motivatie is een succesvolle projectlancering. Hun verantwoordelijkheden zijn niet altijd duidelijk omschreven, zij hebben elk verschillende rollen te vervullen en vervullen hun dagelijkse uitdagingen met enthousiasme, vaak via collegiale besluitvormingsmechanismen: ze nemen actief deel aan de opbouw van de organisatie. Het risico in deze fase betreft het engagement en het vertrek van de leden van de organisatie (het begrip *affectio societatis*), want er is niet veel voor nodig om de nieuwe structuur uit evenwicht te brengen.

 AFFECTIO SOCIETATIS

Deze Latijnse term verwijst naar de relatie tussen mensen die gezamenlijk deelnemen aan het kapitaal van een onderneming: samen investeren ze, delen ze de besluitvorming, delen ze de voordelen en de risico's, ... De *affectio societatis* zorgt vooral voor een zekere harmonie, die logischerwijs zou moeten blijven bestaan zolang de onderneming actief is. Helaas is dat niet altijd het geval.

Die situatie leidt tot een **leiderschapscrisis**. Die doet zich voor wanneer de onderneming, na haar groei en bloei, haar activiteiten op het gebied van productie van goederen en diensten, boekhouding, personeelsbeheer, ... moet herstructureren volgens het beginsel van specialisatie van functies. De oprichters kunnen redelijkerwijs niet over alle noodzakelijke vaardigheden beschikken en zijn volgens Greiner niet in staat nieuwe werknemers op dezelfde wijze te motiveren als het oorspronkelijke team. Bovendien zijn zij misschien niet echt doeltreffende, professionele managers en missen ze misschien het vermogen om complexe managementbeslissingen te doorgronden.

De oplossing voor deze crisis is het in dienst nemen van ervaren managers die weten hoe de vereiste functionele structuren moeten worden uitgevoerd. Deze operatie brengt echter risico's met zich mee, aangezien de oprichters en de oorspronkelijke werknemers in de verleiding kunnen komen om de oorspronkelijke geest en het informele karakter van de organisatie te behouden (verlangen om macht te behouden, crisis van het gevoel van eigenwaarde door het erkennen van hun grenzen, ...)

Richtingsfase

Een individu heeft de macht overgenomen en geeft leiding aan de organisatie, waardoor die in een meer formele omgeving verder kan groeien en zich op andere activiteiten kan richten, zoals marketing en productie. Er komen financiële prikkels om individuen te motiveren.

Er komt echter een moment waarop de producten en processen zo talrijk worden dat één persoon onmogelijk alles in één dag kan beheren. Soms is er te weinig tijd, andere keren is de stroom van te verwerken informatie (producten en diensten) te groot. Hierdoor komt de organisatie in een nieuwe crisisperiode terecht: de autonomie. De **autonomiecrisis houdt** verband met de noodzaak om nieuwe, op delegatie gebaseerde structuren te creëren, maar ook met financieringsproblemen in verband met de groei.

De oplossing voor deze crisis impliceert niet alleen een herstructurering van de organisatie op basis van het delegeren van leidinggevende verantwoordelijkheden aan andere leden van de onderneming, maar ook de intrede van binnenlands en/of buitenlands kapitaal in de organisatie.

Delegatiefase

De oplossing voor de autonomiecrisis leidt tot het delegeren van macht van het hogere management naar het middenkader. De managers van het middenkader zijn vrij om snel te reageren op kansen en bedreigingen van nieuwe producten, markten, concurrenten, technologieën en wensen en verwachtingen van klanten. Zo blijft de organisatie groeien.

De mensen die kapitaal inbrengen beheren niet noodzakelijk zelf de onderneming. In de meeste gevallen stellen zij een agent aan om hen te vertegenwoordigen en te zorgen voor een efficiënt gebruik van hun kapitaal.

Dat delegeren kan dan leiden tot een **besturingscrisis**. De chief executive officer, die de fundamentele problemen van de organisatie alleen wil blijven oplossen, vindt het moeilijk om los te laten. De structuur van de organisatie is echter te groot geworden voor één leider.

Zo brengen veel oprichters uit trots ongewild de ondergang van hun organisaties teweeg.

De oplossing voor deze crisis vereist een doordachte delegatie, waarbij functies van afdelingshoofden en nieuwe kantoren (afdelingen of dochterondernemingen) worden gecreëerd. Om vooruitgang te boeken moeten de doelstellingen, taken en verantwoordelijkheden van de nieuwe leiders duidelijk opnieuw worden gedefinieerd en moeten zij in hun nieuwe taken worden ondersteund.

Coördinatiefase

De groei wordt voortgezet met businessunits (afdelingen of dochterondernemingen, afhankelijk van hun juridische status) die worden gescheiden en gereorganiseerd in groepen producten, diensten en middelen. Idealiter worden de doelstellingen door de gehele onderneming gedeeld, terwijl de verschillende afdelingen, die ook hun eigen doelstellingen hebben, een relatieve autonomie genieten.

De bureaucratie wordt zo groot dat de kosten de groei van de organisatie negatief beïnvloeden. Door die groei vertroebelen administratieve formaliteiten de primaire missie van de organisatie. Een dergelijke fase kan leiden tot een **bureaucratie- of bureaucratiecrisis**, gekenmerkt door een verlies aan flexibiliteit.

Om die crisis te boven te komen, moet het bedrijf een nieuwe cultuur tot stand brengen – gericht op de visie en de kerntaken van het bedrijf – en een nieuwe, meer flexibele, aangepaste en motiverende structuur invoeren.

Samenwerkingsfase

In het belang van kostenvermindering en winstmaximalisatie worden de regie- en coördinatiefasen aangestuurd door een nieuw, inspirerend en motiverend leiderschap, dat de organisatie ertoe aanzet zich opnieuw op haar prioriteiten te richten. Promoties, functiewisselingen en opleiding stellen mensen in staat uit te blinken in hun werk. Deze fase eindigt met een interne groeicrisis. Meer in het algemeen suggereerde Greiner dat groei door samenwerking een toekomstige crisis kan veroorzaken, maar die bleef in 1972 ongedefinieerd.

Toekomstige ontwikkelingen

Onlangs voegde Greiner een zesde fase toe aan zijn oorspronkelijke model. Hij suggereert dat verdere groei alleen zal komen van outsourcing (het ontwikkelen van partnerschappen met complementaire organisaties) van de niet-kernactiviteiten van de organisatie.

Deze zesde fase, die groei via extra-organisatorische oplossingen mogelijk maakt, heeft een aantal grote voordelen:

* een heroriëntatie op de kernactiviteiten van het bedrijf

* een vermindering van de omvang en de complexiteit van het management (downsizing)

- kostenbeheersing (minder vaste personeelskosten en meer commerciële kosten, die door de concurrentie kunnen worden beïnvloed)

- kwaliteitsborging (de dienstverlener wil zijn positie behouden)

- meer flexibiliteit voor de onderneming, die haar upstream- (leverancier) en downstreampartners (distributie) kan veranderen afhankelijk van haar eigen ontwikkelingsstrategieën

 ## INTERPRETATIE VAN DE BEDRIJFSONTWIKKELINGSREGELING

Elke organisatie kent perioden van relatieve stabiliteit en perioden van crisis. De mensen, structuren en procedures die geschikt leken toen het bedrijf een bepaalde omvang of leeftijd had bereikt, zijn niet langer geschikt wanneer de organisatie groeit en volwassen wordt. Het management, dat zich bewust is van het verleden van zijn organisatie, kan daarom de komende crisis voorspellen, zich erop voorbereiden door passende maatregelen te nemen voor de bereikte ontwikkelingsfase en zo een kritieke situatie ombuigen tot het beginpunt van een nieuwe groeifase.

Nog niet alle organisaties hebben deze vijf fasen doorlopen. Sommige kunnen, als ze stabiel worden bij een bepaalde omvang en complexiteit, voor onbepaalde tijd in de overeenkomstige fase blijven. Alleen de Europese en vooral de Amerikaanse reuzebedrijven bevinden zich momenteel in de laatste fase van het

Greiner-model. Elke organisatie die zich ontwikkelt moet deze opeenvolgende periodes van rust en crisis echter meemaken, waarbij de snelheid waarmee ze van de ene naar de andere fase overgaat afhangt van het tempo waarin de onderneming en haar bedrijfstak zich ontwikkelen.

In het geval van een start-up (een innovatieve onderneming met een groot ontwikkelingspotentieel die aanzienlijke investeringen vereist om haar snelle groei te financieren) moet de ondernemer, als hij zijn idee wil verwezenlijken en het product of de dienst op de markt wil aanbieden, niet alleen beschikken over financiële middelen, maar ook over de nodige managementvaardigheden voor de lancering, de ontwikkeling en de duurzaamheid van de onderneming. Het ontwikkelingsproces van een startup kan als volgt worden onderverdeeld:

- de geboorte van een idee en de zoektocht naar partners en/of collega's

- het opzetten van het project in een onbekende plus de voorlichtings- en promotiefase

- publieke belangstelling voor het aangeboden product of de aangeboden dienst en het begin van voorraadbeheer en leveringsproblemen

- delegatie van bevoegdheden aan de ervaren managers naar aanleiding van de ontwikkeling van het bedrijf

- de onderneming wordt te groot, wat leidt tot bureaucratische problemen die de ontwikkeling van de onderneming belemmeren; indien de strategie niet wordt gewijzigd, kan dit leiden tot de ondergang ervan

Het juiste gebruik van het Greiner-model stelt leiders in staat te anticiperen op de volgende stappen en de duurzaamheid van de organisatie te waarborgen, in de wetenschap dat start-ups doorgaans vier tot acht jaar ononderbroken groei kennen zonder grote economische problemen of ernstige interne wanorde.

BEPERKINGEN EN UITBREIDINGEN

BEPERKINGEN EN KRITIEK

Het doel van het Greiner-groeimodel is bedrijfsleiders waarschuwen voor het waarschijnlijke bestaan van crises waarmee hun onderneming in de loop van haar groei zal worden geconfronteerd. Deze theorie heeft echter haar beperkingen en is op een aantal punten bekritiseerd:

- Ten eerste, hoewel het waar is dat veel organisaties gewoonlijk beginnen met onontwikkelde organische structuren en eindigen met zeer geavanceerde structuren, zou het onredelijk zijn te beweren dat alle organisaties altijd elk van deze fasen doorlopen. Sommige bedrijven stagneren, gaan achteruit of slaan stappen over, terwijl andere worden opgekocht door grotere ondernemingen of failliet gaan.

- Ten tweede blijft dit scenario van bedrijfsgroei te theoretisch. Tot op heden heeft geen enkele studie nauwkeurig de kritische drempels vastgesteld waar crises ontstaan. Met andere woorden, dit model is meer een analysekader dan een operationeel instrument.

- Het Greiner-model werpt geen licht op de determinanten van verandering of de veranderingsprocessen zelf. Bovendien verklaart het niet de oorzaken van mislukking, de onderliggende redenen voor verandering of de manier waarop crises zich ontwikkelen.

- Het model stelt gebruikers niet in staat de fase te analyseren die volgt op de maturiteit, de fase waarin de meeste huidige bedrijven zich bevinden.

- Ten slotte houdt de auteur in zijn analyse geen rekening met de interacties tussen de verschillende onderdelen van de organisatie of de willekeur van het tempo van de veranderingen.

VERWANTE MODELLEN EN UITBREIDINGEN

Het model van het punctuerend evenwicht

Dit model bouwt voort op de historische dimensie door de leider een beperkte rol toe te kennen bij het managen van verandering. In die zin is het vergelijkbaar met de school van het vrijwilligerswerk, in die zin dat de meeste systemen grenzen hebben in termen van aanvaardbare verandering. Voorbij deze grenzen ondergaat de groei van de onderneming een fundamentele reorganisatie. Dat staat haaks op het model van Greiner.

De denkers achter het *punctuated equilibrium model* waren Elaine Romaneli (hoogleraar strategisch en ondernemend management) en Michael L. Tushman (specialist strategisch management) in 1983. Zij stellen dat een organisatie lange periodes van stabiliteit kent, afgewisseld met periodes van strategische heroriëntatie die traumatisch zijn voor het bedrijf en zijn stakeholders. Zij karakteriseren de kernstructuur van de onderneming volgens de vijf dimensies van de waarden van de onderneming:

- producten

- markten en technologieën

- verdeling van de macht in de organisatie

- organisatiestructuur

- en type van de controle

De belangrijkste pleitbezorger van de theorie van het punctuerend evenwicht is Connie Gersick, die de toepasbaarheid van de theorie op het gebied van management en biologie probeert te bevestigen op verschillende analyseniveaus: individuen, groepen van individuen en bedrijven.

Andere uitbreidingen

Om de operationele processen van organisatieverandering in detail te analyseren, heeft de financiële expert David Marsh (geboren in 1952) een theorie van verandering ontwikkeld die zich richt op het dagelijkse leven van de organisatie.

Volgens Andrew Pettigrew (hoogleraar strategie en organisatie aan de Universiteit van Oxford, geboren in 1944) moet verandering niet worden gezien als een specifiek moment tussen twee perioden van stabiliteit, maar als een constant aanwezig element dat in tijden van crisis beter zichtbaar is. Voor de auteur kan het proces van organisatieverandering worden begrepen door te kijken naar de bedrijfscultuur en het beleid. Hij benadrukt dat organisatieverandering de formalisering is van een geleidelijk proces dat niet zichtbaar of gepland is.

Bovendien is er volgens Henry Mintzerg (1992) een consensus dat generalisaties minder waardevol zijn dan het belichten van gevallen, omstandigheden en contexten waarin hypothesen worden bevestigd. Verandering komt van de hogere niveaus van de organisatie en wordt uitgevoerd door de lagere niveaus.

PRAKTISCHE TOEPASSING: KODAK

In januari 2012 werd de wereld van de fotografie opgeschrikt door een crisis toen de grootste camerafabrikant, Kodak, het faillissement aanvroeg. Alles was echter goed begonnen voor de Eastman Kodak Company.

CREATIVITEITSFASE

Na onderzoek door de oprichter George Eastman (Amerikaans industrieel, 1854 – 1932) vroeg de Kodak-groep in 1885 een octrooi aan op de methode en het apparaat voor de productie van emulsieplaten (fotografische drager voor het maken van kwaliteitsfoto's). Met hun slogan "U drukt op de knop, wij doen de rest" verscheen het beroemde merk Kodak voor het eerst in 1888, toen in de Verenigde Staten de eerste camera's met fotofilm op de markt werden gebracht. Vanaf dat moment werd het bedrijf erkend als innovatief: het bracht camera's met fotografische film en opvouwbare zakcamera's over de hele wereld op de markt en populariseerde ze.

Deze groeifase leidde tot een leiderschapscrisis. Met vele fabrieken en duizenden werknemers over de hele wereld verving William G. Stuber (Amerikaans manager, 1864 – 1959) George Eastman als hoofd van het Kodak-concern en bleef in die functie tot 1934.

Daarna volgden verschillende andere ervaren managers hem op.

RICHTINGSFASE

In 1960 had Kodak bijna 80 000 werknemers. De exponentiële groei van het bedrijf zette zich voort met vele uitvindingen, waaronder de digitale camera die in 1975 werd ontwikkeld door de Amerikaanse ingenieur Steve Sasson (geboren in 1950). Dit product werd slecht of helemaal niet op de markt gebracht, uit angst de lucratieve markt van de fotografische film, die door Kodak werd gedomineerd, te schaden. Voor veel waarnemers zou juist deze digitalisering later de ondergang van de multinational veroorzaken. Met een omzet van meer dan 10 miljard dollar in 1981 stond het bedrijf niet alleen bekend om camera's, maar ook om het gebruik van beelden op het gebied van vrije tijd, telefoons, wetenschap, amusement en handel.

Om zijn invloed te versterken ging Kodak een partnerschap aan met de *Compagnie Générale des Établissements Pathé Frères Phonographes & Cinématographes* van Charles Pathé (Franse pionier van de film- en opname-industrie, 1863 – 1957). Deze vereniging resulteerde in het bedrijf Kodak-Pathé en zou aan de basis liggen van verschillende filmproducties.

Het bedrijf bleef investeren in onderzoek en ontwikkeling en had daarom verschillende ingenieurs in dienst, maar ook verschillende managementniveaus. Hierdoor ontstond een kloof tussen het management en de onderzoekslaboratoria, wat resulteerde in enkele ongelukkige strategische beslissingen. De managers stonden niet toe dat sommige revolutionaire innovaties (CCD-beeldsensoren, digitale röntgenstralen, digitale fotografie, …) op de markt werden gebracht uit angst dat de hoge marges uit de verkoop van fotografische film in gevaar zouden komen.

Kodak beleefde een autonomiecrisis: veel ingenieurs verlieten het bedrijf om hun uitvindingen met toestemming van hun voormalige werkgever elders op de markt te brengen.

DELEGATIE- EN COÖRDINATIEFASE

Ondanks een lichte daling bleef het bedrijf groeien dankzij aanzienlijke financiële middelen (voor elke dollar verkochte Kodak-fotofilm ontving het onderzoek vijf cent).

Er was sprake van een controlecrisis: in de laboratoria heerste een betrekkelijke laissez-faire-houding; de commerciële diensten gaven de voorkeur aan productgericht onderzoek boven technologie of consumentenbehoeften; de besprekingen en beslissingen over het op de markt brengen van innovaties duurden maanden, waardoor kostbare tijd verloren ging. Soms vroegen vertegenwoordigers die een innovatie zonder analyse hadden afgewezen de onderzoekers om deze enkele maanden later alsnog te ontwikkelen (bureaucratische crisis).

Om deze controlecrisis op te lossen werd Colby H. Chandler in mei 1983 benoemd tot CEO van Kodak en bleef in die functie tot juni 1990. Hij was verantwoordelijk voor een herdefiniëring van de managementtaken en -functies. De oplossing voor de *red tape crisis* zou pas zichtbaar worden na het faillissement in januari 2012.

SAMENWERKINGSFASE

Kodak, jarenlang beperkt tot de lucratieve markt van de fotografische film, betrad de digitale markt laat en had geen succes met zijn EasyShare-producten. Vanaf 2007 kreeg het bedrijf financiële problemen. Als reactie daarop besloot het zijn octrooien te verkopen, zijn afdelingen te herstructureren, nieuwe partnerschappen aan te gaan, zich af te splitsen van verschillende deelnemingen in de wereld en zijn traditionele activiteiten (fotografische film) op te geven om zich meer te richten op moderne technologieën (digitale fotografie en film).

Helaas brachten al deze inspanningen niet de verwachte resultaten. In januari 2012 werd het bedrijf onder de bescherming van de Amerikaanse faillissementswetgeving geplaatst. Een jaar na de faillissementsaanvraag en de sluiting van 13 fabrieken begon Kodak opnieuw met 8 500 werknemers. Technisch klaar, ontwikkelde het bedrijf toepassingen (nog in de prototypefase) om weer centraal te staan. Er zouden echter verschillende innovaties en inspirerende en motiverende leiders nodig zijn om het schuchtere herstel te laten voortduren.

Momenteel biedt Kodak een unieke lijn inkjetprinters aan. Deze nieuwe generatie printers heeft een scanner die kan dienen als fotokopieerapparaat en maakt het mogelijk tegen lagere kosten af te drukken dan concurrenten als HP of Epson.

SAMENVATTING

- Larry E. Greiner heeft aangetoond dat een bedrijf in de loop van zijn groei afwisselende fasen van groei en crisis doormaakt. Deze periodes van verandering zijn een integraal onderdeel van een organisatie. Om haar duurzaamheid te waarborgen, moet de organisatie het levenscyclusconcept integreren en er ten volle gebruik van maken om de voordelen ervan te benutten en zich op de markt te handhaven.

- De vijf fasen van de levenscyclus van een bedrijf zijn:

  - creativiteit

  - richting

  - delegatie

  - coördinatie

  - samenwerking

- Ondanks de onmiskenbare parallellen tussen de levenscyclus van bedrijven en die van mensen, maken sommige bedrijven de laatste fase van de groeicyclus niet mee: neergang of dood.

- Hoewel het groeimodel van Greiner meer een analysekader is dan een operationeel instrument, toont het model van het punctuerend evenwicht aan dat het mogelijk is om voorbij deze benaderingen te gaan in termen van bepaalde veranderingscycli, met name met het model van Andrew Pettigrew.

- Ten slotte toont het verhaal van Kodak aan dat innovatie en verandering sleutelfactoren zijn voor het succes van een onderneming.

VERDER LEZEN

BIBLIOGRAFIE

Atamer, T. & Calori, R. (1998). *Diagnostic et décisions stratégiques*. Parijs: Dunod.

Barthélemy, J. (1999). L'externalisation : une forme organisationnelle nouvelle. *Actes de la huitième conférence de l'Association internationale de management stratégique*.

Demers, C. (2007). *Theorieën over organisatieverandering: Een synthese*. Thousand Oaks: Sage Publications, Inc.

Desreumaux, A. (1996). Nouvelles formes d'organisation et évolution de l'entreprise. *Revue française de gestion*. pp. 86-108.

Deval, E. & Nury, G. (2009). *La notion de cycle biologique intégrée par le management*. Valence: Institut Supérieur Technologique Montplaisir.

Gersick, C. (1991). Revolutionaire Veranderingstheorieën: Een Multilevel Onderzoek van het Punctuated Equilibrium Paradigma. *The Academy of Management Review*. Volume 16, blz. 10-36.

Giordani, Y. (1995). Management stratégique et changement organisationnel : quelles représentations? *De nieuwe vormen van organisatie*. Parijs: Economica. pp. 161-179.

Gould, S. J. (1990). *The Panda's Thumb*. Londen: Penguin.

Greiner, L. E. (1972). Evolutie en Revolutie als Organisaties groeien. *Harvard Business Review*. pp. 37-46.

Henriet, B. (1999). La gestion des ressources humaines face aux transformations organisationnelles. *Revue française de gestion.* pp. 82-93.

Lemaire, L. (2003). *Systèmes de gestion intégrés. Gevaarlijke technologieën?* Parijs: Éditions Liaisons.

Mintzberg, H., Thomas, J. M. & Bennis, W.G. (1972). *Strategy Safari: Het management van verandering en conflict.* New York: The Free Press.

Peretti, J.-M. (1998). *Ressources humaines et gestion du personnel.* Parijs: Vuibert.

Perret, V. (z.j.). *Rythme et processus de changement : processus incrémental ou révolutionnaire.* Dossier Veranderings-management en TIC. [Online]. [Geraadpleegd op 23 december 2014]. Beschikbaar op http://dea128fc.free.fr/CoursA/A2-ManagementChangement&TIC/expo/valery/DEA128FC-Processus%20incr%E9mental%20et%20r%E-9volutionnaire.pdf

Perret, V. & Josserand, E. (2003). *Le paradoxe. Penser et gérer autrement les organisations.* Parijs: Éditions Ellipses.

Pettigrew, A. (1987). Context en actie in de transformatie van het bedrijf. *Journal of Management Studies.* 24(6), pp. 649-670.

Quinn, J. B. (1980) *Strategieën voor verandering: Logisch incrementalisme.* Homewood, Illinois: Richard D. Irwin, Inc.

Reix, R. (1990). L'impact organisationnel des nouvelles technologies de l'information. *Revue française de gestion.* pp. 100-106.

Romanelli, E. & Tushman, M. (1996). Inertie, omgeving en strategische keuze: Een quasi-experimenteel ontwerp voor vergelijkend longitudinaal onderzoek. *Management Science.* 32(5), pp. 608-621.

AANVULLENDE BRONNEN

Mullins, L. J. (2016). *Management en organisatiegedrag.* Edinburgh: Pearson.

We horen graag van jou! Laat
een reactie achter op jouw online bibliotheek
en deel je favoriete boeken op social media!

MASLOW'S HIERARCHY OF NEEDS
Gain vital insights into how to motivate people
Personal accomplishment
Esteem
Belonging
Security
Physiologic
THE SWOT ANALYSIS
Internal factors
Strengths
Weaknesses
SWOT
Opportunities
Threats
External factors
50MINUTES

De uitgever garandeert de betrouwbaarheid van de gepubliceerde informatie, die echter niet onder zijn verantwoordelijkheid valt.

Master ISBN: 9782808063920
Papier ISBN: 9782808064217
Wettelijk depot: D/2022/12603/66

Digitaal ontwerp: Primento,
de digitale partner van uitgevers.